Construyendo el carácter

Ser justos

por Penelope S. Nelson

MW00901108

Bullfrog
en español

Ideas para padres y maestros

Bullfrog Books permite a los niños practicar la lectura de texto informativos desde el nivel principiante. Las repeticiones, palabras conocidas y descripciones en las imágenes ayudan a los lectores principiantes.

Antes de leer
- Hablen acerca de las fotografías. ¿Qué representan para ellos?
- Consulten juntos el glosario de fotografías. Lean las palabras y hablen de ellas.

Durante la lectura
- Hojeen el libro y observen las fotografías. Deje que el niño haga preguntas. Muestre las descripciones en las imágenes.
- Léale el libro al niño o deje que él o ella lo lea independientemente.

Después de leer
- Anime al niño para que piense más. Pregúntele: ¿Puedes recordar algún momento en que algo te pareció injusto? ¿Cómo hubiera podido volverse justo?

Bullfrog Books are published by Jump!
5357 Penn Avenue South
Minneapolis, MN 55419
www.jumplibrary.com

Copyright © 2020 Jump! International copyright reserved in all countries. No part of this book may be reproduced in any form without written permission from the publisher.

Library of Congress Cataloging-in-Publication Data is available at www.loc.gov or upon request from the publisher.

ISBN: 978-1-64527-027-0 (hardcover)
ISBN: 978-1-64527-028-7 (paperback)
ISBN: 978-1-64527-029-4 (ebook)

Editor: Jenna Trnka
Designer: Michelle Sonnek
Translator: Annette Granat

Photo Credits: Veja/Shutterstock, cover; Africa Studio/Shutterstock, 1; LightField Studios/Shutterstock, 3 (left); Viktoriia Hnatiuk/Shutterstock, 3 (right); Ko Backpacko/Shutterstock, 4; gchutka/iStock, 5, 23tl; wavebreakmedia/Shutterstock, 6–7, 20–21, 23br; Valeriya Anufriyeva/Shutterstock, 8 (background), 23bl; chaoss/Shutterstock, 8 (strawberries), 23bl; KK Tan/Shutterstock, 9; baburkina/Deposit Photos, 10–11; India Picture/Shutterstock, 12–13; Sergey Novikov/Shutterstock, 14–15; Sean Prior/Alamy, 17; KPG_Payless/Shutterstock, 18–19; New Africa/Shutterstock, 22; Image Source/iStock, 23tr; Veronica Louro/Shutterstock, 24.

Printed in the United States of America at Corporate Graphics in North Mankato, Minnesota.

Tabla de contenido

Nosotros somos justos.
¿Cómo?

Tratamos a todos de la misma forma. Compartimos.

5

Nala y Nelson tienen cuatro calcomanías.

Ambos reciben dos.

Esto es justo.

Clara tiene cinco fresas.

Melissa solo tiene tres.

Clara comparte una con Melissa.

Ahora ambas tienen cuatro.

Esto es justo.

Tim juega con carros.

Su hermano también quiere jugar.

Tim lo deja jugar.

Ser justos significa más.

Carol no miente.

Ni siquiera
para ayudarse.

Eso sería injusto.

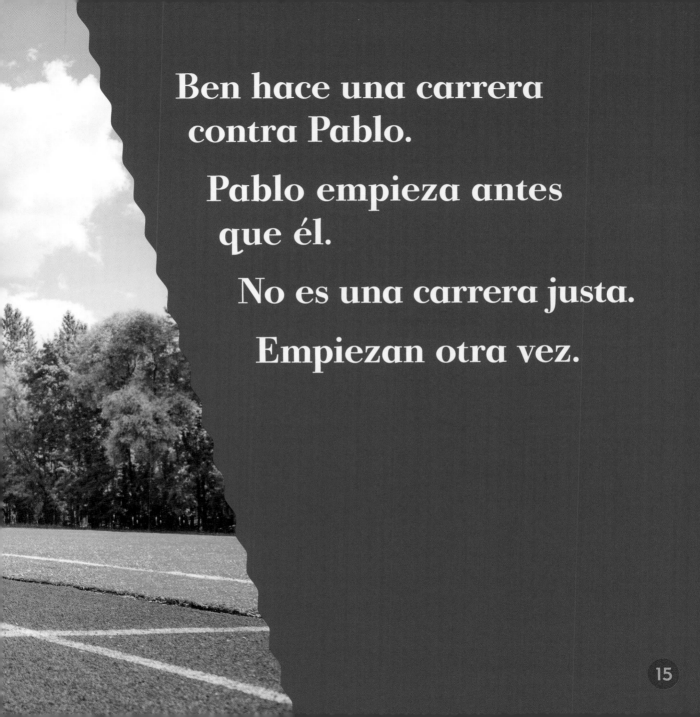

Ben hace una carrera
contra Pablo.

Pablo empieza antes
que él.

No es una carrera justa.

Empiezan otra vez.

Reglas para una piñata

1. Colócate una venda sobre los ojos. ¡No eches un vistazo!

2. Gírate tres veces.

3. ¡Trata de pegarle a la piñata y partirla!

Jacobo y Dai juegan un juego. Siguen las reglas.

Ellos no hacen trampa.

vendados

piñata

Jugamos al béisbol.
Todos tienen su
turno para batear.
¡Qué bien!

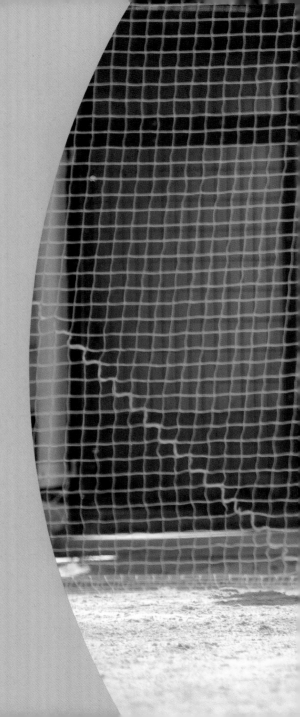

Compartimos.

Tratamos a los demás como deseamos que nos traten.

Somos justos.

Practiquemos ser justos

Ser justos a veces es difícil. ¡Practicar ayuda!

Busca 10 de las mismas cosas. Practica cómo dividirlas de forma justa. ¿Cómo las dividirías si hubiera dos personas? ¿Cómo las dividirías entre cinco personas? ¿Qué harías si no pudieras dividirlas de forma igual?

Glosario de las fotografías

compartir
Dividir algo de forma igual entre dos o más personas.

hacer trampa
Conseguir algo de manera no honesta.

injusto
Algo que no es justo ni igual.

justo
Algo que es igual para todos.

Índice

Para aprender más

Aprender más es tan fácil como 1, 2, 3.

❶ Visite www.factsurfer.com

❷ Escriba "serjustos" en la caja de búsqueda.

❸ Haga clic en el botón "Surf" para obtener
una lista de sitios web.